Así es mi mundo

LA CARTA DE DERECHOS

por Warren Colman

CHILDRENS PRESS ®

CHICAGO

La Cámara de Representantes y el
Senado se reúnen en el Capitolio.

FOTOGRAFIAS

AP/Wide World Photos—11 (izquierda), 25
(derecha), 26 (2 fotos), 28, 32 (abajo, izquierda;
abajo, derecha), 35, 40

© Cameramann International, Ltd.—19 (abajo,
derecha), 25 (izquierda), 37 (derecha)

Marilyn Gartman Agency:
© Herwig—22 (derecha), 24 (derecha), 37
(izquierda)
© Michael P. Manheim—17 (derecha)

Historical Pictures Service, Chicago—10, 17
(izquierda), 43

Journalism Services: © Paul E. Gero—32 (arriba)

Nawrocki Stock Photo:
© Robert Amft—21 (izquierda)
© Rui Coutinho—4 (arriba, izquierda)
© Janet Davis—19 (abajo, izquierda)
© Robert Lightfoot—23 (derecha)
© Ken Love—45
© Ken Sexton—23 (izquierda), 24 (izquierda)

North Wind Picture Archives—13 (derecha), 29

Photo Source International: © Three Lions—4
(arriba, derecha), 9

H. Armstrong Roberts
© Camerique—2, 38
© Charles P. Cushing—15
© Scott Reed—20 (centro)

Roloc Color Slides—7, 11 (derecha), 13
(izquierda), 16, 19 (arriba, izquierda), 20
(izquierda), 22 (izquierda)

Root Resources: © Mary Root—19 (arriba,
derecha)

Tom Stack & Associates:
© David M. Doody—cubierta, 21 (derecha)
© Tom Stack—20 (derecha), 30

Arte: M. Fiddle, 4 (abajo)

Cubierta: La Declaración de la Independencia, la
Constitución y la Carta de Derechos en exhibición
en los Archivos Nacionales, Washington, D.C.

Library of Congress Cataloging-in-Publication Data

Colman, Warren.
   La Carta de Derechos.

   (Asi es mi mundo)
   Incluye un índice.
   Resumen: Breve introducción al significado de la
Carta de Derechos, las diez primeras enmiendas a la
Constitución de los Estados Unidos.
   1.   Estados Unidos—Constitución—Enmiendas—1ª-
10ª—Literatura infantil.   2.   Derechos civiles—Estados
Unidos—Literatura infantil.
   [1.   Estados Unidos—Constitución—Enmiendas—1ª-
10ª   2.   Derechos civiles]   I.   Título.
KF4750.C574   1987   342.73'085   86-33437
ISBN 0-516-31232-4   347.30285

Childrens Press®, Chicago
Copyright © 1989, 1987 by Regensteiner Publishing Enterprises Inc.
All rights reserved. Published simultaneously in Canada.
Printed in the United States of America.
   3 4 5 6 7 8 9 10 R 98 97 96 95 94 93 92

CONTENIDO

La Constitución (arriba) fue escrita en el Liberty Hall (arriba, derecha) de Filadelfia, Pennsylvania. En 1787 había solo trece estados en los Estados Unidos de América. the convention.

New Hampshire

Massachusetts

New York

Rhode Island

Connecticut

Pennsylvania

New Jersey

Delaware

Maryland

Virginia

North Carolina

South Carolina

Georgia

LAS TRECE ESTADOS ORIGINALES

DIEZ PROMESAS IMPORTANTES

En los Estados Unidos, la ley más importante es la Constitución. Nos dice cómo funciona el gobierno. Enumera nuestros derechos y libertades. Todas las leyes de los Estados Unidos deben estar de acuerdo con la Constitución.

Hace doscientos años, los Estados Unidos eran un país muy joven. Había trece estados en los Estados Unidos. Estos estados habían decidido trabajar juntos.

Representantes de doce de los estados se reunieron en Filadelfia en mayo de 1787. Trabajaron durante todo el verano para escribir un plan para el nuevo gobierno. Terminaron en septiembre.

Cincuenta y cinco hombres firmaron la Constitución. Después, se la llevaron a sus propios estados. Ahora los estados tenían que aprobar o rechazar el nuevo gobierno.

Este cuadro de H.C. Christy muestra a los delegados firmando la Constitución. George Washington, parado junto al escritorio, fue presidente de la convención.

Al principio, muchos estados no estaban muy seguros de que la Constitución fuera algo bueno. Temían que creara un gobierno central que fuera demasiado fuerte. Muchos de los americanos temían que gente deshonesta llegara a gobernar. Entonces esa gente podría utilizar su poder para quitarles a los americanos algunas de las libertades que ellos consideraban que les pertenecían.

Muchas personas decían que la Constitución no declaraba por escrito los derechos que pertenecían al pueblo y no al gobierno. Decían que estos derechos tenían que ser añadidos a la Constitución. Sólo en ese caso votarían por la Constitución.

James Madison comprendió por qué algunos estados querían ciertos cambios en la Constitución antes de que la aceptaran. Dijo: "Al formar un sistema (el gobierno federal) que queremos que dure para siempre, no debemos olvidar los cambios que serán producidos en el futuro."

James Madison se conoce como el "Padre de la Constitución" porque trabajó mucho por ella. Madison convino en que se debían añadir ciertos cambios a la Constitución.

Al final de la Guerra Civil en 1865, se tuvieron que hacer enmiendas a la Constitución. La Enmienda Catorce les dio la ciudadanía a los antiguos esclavos. La Enmienda Catorce protegió su derecho al voto. Dijo que a ningún ciudadano le podían quitar el derecho al voto a causa de su raza, color o estado de servidumbre anterior.

Por tanto, en 1791 se le añadieron diez promesas a la Constitución. Debido a que ellas protegen los derechos de los americanos, son llamadas la Carta de Derechos.

Algo que se añade a la Constitución se llama una enmienda. En doscientos años,

En 1918, 20,000 mujeres marcharon en Nueva York pidiéndole al Congreso el derecho al voto. La Enmienda Diecinueve, aprobada en 1920, les dio este derecho.

nuestra Constitución ha tenido veintiséis enmiendas. Todas ellas son importantes. Pero mucha gente cree que las primeras diez —la Carta de Derechos— son las más importantes de todas.

11

UNA IDEA IMPORTANTE

La Carta de Derechos está
basada en la idea de que
cada persona es importante.
Por tanto, cada persona
merece ciertos derechos.

Los americanos siempre
han creído que cada persona
es importante. Pero por miles
de años, mucha gente no
pensaba así.

En muchos lugares, se creía
que la única persona
importante era el soberano:
el rey o la reina. Muy

En 1776, los defensores de la Declaración de la Independencia creían que los Americanos no debían aceptar por más tiempo ser gobernados por Jorge III (izquierda) y su parlamento. En una demostración pública en la ciudad de Nueva York, los colonizadores derribaron la estatua del rey (derecha).

pocos de los demás tenían valor alguno. El soberano podía hacer lo que quisiera. Podía quitarle la casa a cualquiera. O podía mandar a una persona a la cárcel. Aun podía matar a alguien.

Pero, repetidas veces, el pueblo de otros países luchó en contra de los malos soberanos. Luchó por sus derechos. Una de estas luchas sucedió en Inglaterra.

En 1215, el rey Juan de Inglaterra se vio obligado por sus duques y barones a darles ciertos derechos. Su promesa escrita se llama la *Magna Carta*. La *Magna Carta* era importante. Decía que otras personas, además de los

Los nobles de Inglaterra forzaron al rey Juan a que firmara la Magna Carta.

reyes, tenían ciertos derechos.

Más tarde, las leyes inglesas le dieron otros derechos al pueblo. Una de estas leyes decía que el pueblo inglés no tenía que

Los colonizadores quemaron los sellos de los impuestos. En todas las colonias, la gente protestó contra el derecho del rey y del parlamento de Inglaterra de forzarlos a pagar impuestos.

pagar multas injustas. Para el siglo XVII, las leyes inglesas le prometían muchos otros derechos al pueblo.

Por tanto, cuando los colonizadores ingleses y europeos vinieron a América, trajeron consigo fuertes

Los colonizadores (izquierda) les pidieron a los representantes del rey Jorge el derecho de participar en el gobierno de las colonias. Estas discusiones pacíficas no tuvieron éxito. Aun hoy, los americanos recuerdan las acciones más violentas de la insurrección, como el Boston Tea Party.

opiniones. Una de ellas era que todas las personas, siendo seres de valor, merecían ciertos derechos.

Muchos de esos derechos se encuentran en las diez primeras enmiendas de nuestra Constitución.

CUATRO LIBERTADES IMPORTANTES

La Primera Enmienda nos da cuatro derechos importantes.

- Podemos tener libertad de religión.
- Podemos reunirnos para discutir pacíficamente modos de cambiar leyes injustas.
- Podemos tener libertad de prensa.
- Podemos hablar abiertamente sobre lo que creemos y sentimos.

Libertad de religión

Hace tiempo, la mayoría de los países europeos tenían una religión principal llamada la "iglesia oficial" del país. La gente que no pertenecía a esa iglesia a veces no podía conseguir ciertos empleos. A veces los encarcelaban.

Los autores de la Carta de Derechos creían que nadie debía ser castigado por sus creencias religiosas.

Arriba, izquierda: Iglesia Ortodoxa Rusa en Washington, D.C.
Arriba, derecha: Templo Baha'i, Wilmette, Illinois
Abajo, izquierda: Iglesia Congregacional, Oak Park, Illinois
Abajo, derecha: Centro Islámico en Washington, D.C.

Arriba: Sinagoga en Washington, D.C.
Derecha: Iglesia Bautista en Tennessee
Extrema derecha: Iglesia Católica Romana en Nuevo México

Por eso, la Primera Enmienda
dice que los Estados Unidos
no pueden tener una religión
oficial. Dice también que los
americanos pueden escoger
su propia religión.

Libertad de reunión

Los americanos siempre han
creído que es bueno reunirse

para discutir maneras de mejorar las cosas.

Nuestros antepasados sabían que ningún gobierno es perfecto. A veces las leyes no funcionan muy bien y tienen que ser mejoradas.

Marcha en apoyo de la paz (izquierda) y gente protestando en contra de las creencias políticas del partido Nazi y del Ku Klux Klan (abajo). Los americanos siempre han hecho demostraciones para apoyar causas políticas.

Manifestantes contra la energía nuclear (arriba) y defensores de la guerra en contra de la pobreza (izquierda)

Sabían que la gente tenía que reunirse para discutir estos cambios.

La Primera Enmienda dice que los americanos se pueden reunir "pacíficamente" y que le pueden decir al gobierno qué cambios quieren que se hagan.

La Primera Enmienda les da a todos los americanos la libertad de palabra.

Libertad de palabra

Además de discutir cambios en las leyes, los americanos tienen la libertad de hablar sobre otros asuntos. La Primera Enmienda afirma que tenemos libertad de palabra. Podemos expresar

23

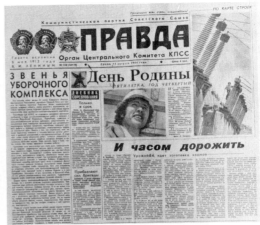

El periódico oficial en Rusia es *Pravda*. En muchos países los periódicos sólo pueden publicar las noticias que el gobierno les permite.

les permite a los reporteros escribir lo que quieran. El gobierno no se los permite. En esos países, es difícil que la gente descubra la verdad. No pueden hallar todos los hechos. Sólo se enteran de los datos que el gobierno quiere que sepan.

HOGARES SEGUROS, PAIS SEGURO

Las Segunda, Tercera y Cuarta Enmiendas garantizan a los americanos que puedan vivir seguros.

Derecho de llevar armas

La Segunda Enmienda dice que la gente puede tener armas.

Hoy día, hay muchos que creen que los revólveres y rifles son peligrosos. Dicen que no se les debe

Manifestantes marchan para demostrar su apoyo por leyes que les quitarían a los individuos el derecho de llevar armas.

permitir a todos tenerlos en casa.

Pero hay otros que dicen que los americanos tienen el derecho de tener armas. Dicen que una persona tiene el derecho de usar un arma para protegerse.

Antes de la Guerra de Independencia, el gobierno inglés envió soldados para mantener el orden en las colonias. Los ciudadanos de Boston fueron forzados a alojar y a dar de comer a estos soldados en sus casas.

No alojamiento de soldados en casas particulares

Cuando Inglaterra gobernaba a América, a veces se alojaban soldados ingleses en las casas. de los colonizadores. A éstos no les gustaba tener

Soldados de los Estados Unidos

soldados en sus casas.

La Tercera Enmienda prohíbe
que sean alojados soldados
en nuestras casas en tiempo
de paz. Pero dice que eso podría
cambiar en caso de guerra.

Prohibición contra
registros irrazonables

En algunos países, la policía puede entrar y registrar la casa de uno en cualquier momento. Y le puede quitar a uno sus posesiones cuando se le antoje.

En esos países, los soldados pueden parar a cualquiera en la calle. Pueden registrar a esa persona en cualquier momento.

Esos soldados y policías

Un perro policía (arriba) busca explosivos. La Carta de Derechos previene que ciudadanos americanos sean enviados a campos de concentración como lo fueron los prisioneros (derecha) bajo Hitler en Alemania. Desgraciadamente, este derecho ha sido violado en años recientes. Durante la Segunda Guerra Mundial, ciudadanos americanos de origen japonés (abajo) fueron enviados a campos de concentración sin haber sido sometidos a juicio.

no necesitan una buena razón
para hacer registros. Lo pueden
hacer por cualquier razón.

Pero no en los Estados
Unidos.

La Cuarta Enmienda
prohíbe registros injustos
de casas o personas. Para
registrar una casa, la policía
debe primero obtener el
permiso de un juez. La
policía debe convencer al
juez de que tiene una buena
razón para entrar en la
casa.

LA PROTECCION
DE LOS ACUSADOS

Los autores de la Carta de Derechos pensaron mucho sobre el asunto de los juicios justos.

De hecho, casi la mitad de la Carta de Derechos trata de los derechos de los que han sido acusados de un delito.

En algunos países, los gobiernos se pueden librar de sus enemigos enviándolos

Winnie Mandela es la esposa de Nelson Mandela, quien ha estado en una cárcel de Africa del Sur por décadas a causa de sus opiniones políticas. Muchos consideran esto un ejemplo del uso injusto del poder político de un gobierno.

a la cárcel. El gobierno sólo necesita declarar que esa persona ha cometido un delito.

La persona puede ser inocente. Pero eso no importa. Sin juicios justos, es fácil poner a un inocente en la cárcel.

Derechos de la Quinta Enmienda

La Quinta Enmienda promete ciertos derechos a las personas acusadas.

- Cuando se acusa a alguien de un delito grave, su caso debe ir primero ante un *jurado de acusación*. Este decide si hay suficiente evidencia para un juicio.
- No se puede procesar a una persona más de una vez por el mismo delito.
- No se puede forzar a uno a que dé testimonio en contra de sí mismo.
- Se deben seguir todas las leyes durante un juicio.

Derechos de la Sexta Enmienda

La Sexta Enmienda concede seis derechos a las personas

acusadas. Todos los acusados de un delito:

- deben recibir un juicio rápido. El juicio no debe hacerse en secreto.
- pueden determinar si su juicio será decidido por un jurado.
- deben ser informados del delito que se supone que cometieron.
- deben ver y oír a las personas que los acusan.
- tienen el derecho de llamar testigos que puedan probar su inocencia.
- pueden tener un abogado.

En los Estados Unidos todas las personas acusadas de un delito tienen el derecho de ser sometidos a un juicio justo y rápido.

Un juez se dirige a la corte.

Derechos de la Séptima Enmienda

No todos los juicios se deben a crímenes cometidos. A veces la gente va a la corte para decidir disputas. La Séptima Enmienda dice que todas las leyes deben ser seguidas en juicios no criminales. También dice que en la mayoría de los casos no criminales, el acusado puede pedir un juicio con jurado.

Derechos de la Octava Enmienda

En los Estados Unidos se considera que una persona es inocente hasta que se prueba que es culpable. Por tanto, no sería justo dejar a un acusado en la cárcel hasta la terminación del juicio. La mayoría de los acusados de un delito pueden irse a su casa.

Un abogado le pide al juez que determine la fianza para su cliente.

Pero para asegurarse de que no se escapen, las personas acusadas deben darle a la corte una fianza. Este dinero se les devuelve cuando regresan al juicio.

La Octava Enmienda dice que la fianza no debe ser demasiado alta. Este derecho protege a los inocentes contra el encarcelamiento hasta que hayan sido sometidos a juicio.

Si una persona debe pagar una multa, tampoco puede ser demasiado alta. La Octava Enmienda prohíbe las multas injustas.

Por último, la Octava Enmienda prohíbe el castigo cruel y desacostumbrado. En algunos países, se les corta la mano a los ladrones. Eso se considera un castigo cruel en los Estados Unidos. Está prohibido por la Carta de Derechos.

LOS DEMAS DERECHOS

Los autores de la Carta de Derechos se dieron cuenta de que no podían nombrar todos los derechos. Por tanto, la Novena Enmienda dice que todos los derechos que no se mencionan en la Constitución ni en la Carta de Derechos le pertenecen al pueblo. También dice que el gobierno no puede negarle esos derechos a nadie.

La Décima Enmienda fue escrita para prevenir que el

La Carta de Derechos incluye las diez primeras enmiendas a la Constitución de los Estados Unidos.

gobierno se hiciera demasiado poderoso. Dice que el gobierno federal sólo puede tener los poderes que le da la Constitución. Todos los demás poderes les pertenecen a los estados y al pueblo.

LA CARTA DE DERECHOS NOS PROTEGE

Hemos vivido con la Carta de Derechos por mucho tiempo. Es fácil darla por sentado.

Pero imagínate cómo sería la vida si no tuviéramos la libertad de religión. O si no pudiéramos escribir ni hablar libremente.

Piensa en lo terrible que sería si no estuviéramos

Para proteger nuestros derechos, cada ciudadano debe votar y tomar parte en el gobierno.

protegidos contra los arrestos injustos.

La Carta de Derechos no permite que pasen esas cosas.

La Carta de Derechos nos protege a todos.

PALABRAS QUE DEBES SABER

acusar — informar a alguien de un delito o error cometido

asegurar — dar firmeza o seguridad a una cosa

barón — en Gran Bretaña, el noble del grado más bajo, que tiene tierra otorgada por el rey

carta — documento escrito oficial que describe una ley o contiene alguna declaración formal importante

central — principal, importante

cometido — hecho, ejecutado

creencia — algo que se cree que es verdad, sin tener pruebas positivas o conocimiento de ello

derechos — privilegios que no se le pueden quitar a uno

duque — en Gran Bretaña, miembro masculino de la familia real de un grado más bajo que el príncipe

enmienda — declaración de cambios, correcciones o mejoras en el documento original

federal — referente a la parte central del gobierno, compuesta del conjunto de los Estados

jurado — grupo de personas escogidas en una corte para oír el juicio y decidir la culpabilidad o inocencia del acusado

libertad — el poder cada cual actuar, hablar, profesar su religión y trabajar según su deseo

nobleza — personas de posición elevada; primero, los descendientes de la familia real; segundo, sus descendientes; tercero, personas no relacionadas pero también de familias privilegiadas con alta posición, grado o título

oficial — autorizado

pánico — súbito e intenso miedo

sistema — conjunto de instrucciones, planes o ideas que forman un patrón ordenado

INDICE

Sobre el autor

Warren Colman es escritor, director y productor. Es presidente de una compañía que, además de hacer tiras de películas y videoproducciones educacionales, hace promociones publicitarias y presentaciones de entrenamiento para negocios. Tiene un B.A. y un M.A. de la Universidad de Northwestern.